FJELL NORGE

— Som det stiger frem

MOUNTAIN NORWAY

Majestic Manifold

Hilt & Hansteen

Fjell-Norge – Som det stiger frem
Mountain Norway – Majestic Manifold

Copyright 1993 © Hilt & Hansteen a.s.

Billedredaksjon/Picture research:
Rainer Jucker, Bård Løken,
Pål Hermansen, Torstein Hilt
og Bjørn Hansteen-Fossum

Tekst/Text: Pål Hermansen

Engelsk oversettelse/English translation:
James Wesley Brown
Tysk oversettelse/German translation:
Lo Deufel
Fransk oversettelse/French translation:
Maud Forsgren
Spansk oversettelse/Spanish translation:
Heidi Bern
Japansk oversettelse/Japanese translation:
Hiroko Kimura Hjelset

Forside/Front cover: Jan Rabben, N.N. (Norske naturfotografer)
Morgenstemning på Hardangervidda, mot Hårteigen/
Morning view of Hårteigen on Hardangervidda

Forsidedesign og lay-out/
Cover design and typography: Rainer Jucker
Sats/Typeset by: Didot Fotosats AS
Satt på japansk av/
Typeset in Japanese by:
Hiroko Kimura Hjelset
Repro/Reproduction by: Overtrykkeriet

Printed and bound in Norway
by Norbok a.s., Gjøvik

Hilt & Hansteen a.s.
P.O. Box 2040 Grünerløkka
0505 Oslo – Norway

ISBN 82-7413-180-0

FJELL-NORGE

«Enige og tro til Dovre faller.» Eidsvoldsmennenes løfte har gjort vårt «nasjonalfjell» til et symbol for det evige, det urokkelige og uforanderlige, ja, et symbol på selve trofastheten.

Men manns minne er kort i geologiens svimlende tidssfære, det uforanderlige eksisterer ikke. De eldste delene av dagens Norge, selve grunnfjellet, ble født i en ildsmørje 2,6–1 milliarder år tilbake og er siden eltet og knadd med hård hånd. De første nordmennene ble født i et kaldt gufs i kanten av Den store bre for 10 000 år siden. Nordmennene hadde de ødslige og rike viddene som spiskammer, de fanget rein og rype og kom til en overenskomst med Landet om at det skulle gå dem vel hvis de skikket seg bra.

Tiden gikk, isen forsvant og fjellområdene skrumpet inn. Fjellene ble liggende som et skille mellom landsdeler og folkeferd. Skulle man treffe andre folk, måtte man alltid over et fjell. Strabaser og slit i nærkontakt med elementene gav næring til fantasien. Fjellene ble til et rike hvor jutuler, jotner og gygrer hersket fra sine huler og holdt menneskene på avstand.

Fjell-Norge er ikke bare høye tinder og dype daler som flimrer forbi bil- eller togvinduet. Fjell-Norge er først og fremst den verden du oppdager når du setter foten på knasende reinlav og hører fjellbekken nynne i bjørkesnaret med vindsuset som akkompagnement.

Å gå i fjellet er i dag blitt kultur, sjelebot og opplevelse. De ekstreme utfordringene tiltaler mange: Midtvintermarsj i kvelende snøfokk og bitende kulde – eller milevise vandringer i golde steinrøyser. Fjellet gir også rom for de med ustyrlig trang til å beseire naturen og seg selv, de som vil drive luftig tinderangling med avgrunnen bare noen fingertupp-millimeter unna. Andre vil rusle i dalgangene og sanse ro og harmoni; landskapsformene, dyrene, vekstene, kildevannet, luktene, lydene ... For noen er fjellet selve spiskammeret med sitt overflødighetshorn av bær, fugl og fisk.

Å dra til fjells er en flukt fra hverdagen, den knugende vanen og rutinen som gjør at du ikke enser dagene som går. På fjellet merker du dagene, de er fylt av opplevelser, av frihet, armslag og storhet. Du går i et åpent univers med en uendelig gavmildhet.

Menneskene har nok glemt den avtalen de gjorde med Landet for lenge siden. Fjell-Norge er ikke lenger så solid, urokkelig og urørt som man trodde det ville forbli. Riktignok har Dovre ennå ikke falt, men man har lenge forsøkt å skyte og bore vekk fjellet. Og nå vil man stappe Snøhetta full av atomavfall!

Men heldigvis rommer dagens Fjell-Norge ennå opplevelser og variasjoner nok for et langt liv på vandring. I sør bølger heiene som dønninger i et stivnet hav. På Hardangervidda brer Sør-Norges største uberørte danseplass seg ut for rastløse villrein-hjorder og fotføre mennesker. I Jotunheimen og mot havet i vest tårner sagtakkete render seg opp mot himmelen og spjærer skyene i viltert overmot. Breene legger seg til mellom syler, hammere og sagtakker, som om noen har helt melis over snekkernes verktøykasse. I Midt-Norge er formene lune og avslepne, mens de tårner seg opp til elleville skyskrapere i Lofotens forrevne verden. Lengst mot nord er hele landskapet Fjell-land, der vide vidder stuper rett i havet.

Fjell-Norge – opplev det selv!

Pål Hermansen

Brigsdalsbræen, Olden.

"United and true until Dovre falls." Our Constitutional Fathers transformed our "national mountain" into a symbol of the eternal, the unshakeable and immutable, yea, even of fidelity itself.

But man's memory is short as far as geology's dizzy eras are concerned, and nothing is immutable. The oldest part of today's Norway, the baserock itself, was created in a mass of flame 2,6 to 1 billion years ago and has since been kneaded by a hard hand. The first Norwegians were born in a cold gust of the Great Glacier 10,000 years ago. The Norwegians had the extravagant, rich highlands as their larder, capturing reindeer and grouse, and entered into a pact with the Land that they would thrive if they behaved themselves.

Time passed, the ice disappeared and the mountainous areas contracted. The mountains remained as barriers between land regions and folk. If you wanted to meet other people, you always had to cross a mountain. Hardship and toil, in close contact with the elements, nurtured the imagination. The mountains became a kingdom ruled by giants and trolls in caves who kept humans at a safe distance.

Mountain Norway is not just high peaks and deep valleys that flash past a car or train window. Mountain Norway is primarily the world you discover when you set your foot on brittle reindeer lichen and hear a mountain stream hum in the birch thicket to the accompaniment of a rushing wind.

Today, hiking in the mountains has become a way of life, spiritual renewal and adventure. The extreme challenges appeal to many: mid-winter treks in stifling snowdrifts and biting cold – or endless wanderings over barren stones. The mountains also provide room for those who have an intractable need to conquer nature and themselves, those who want to engage in aëry mountain climbing with the abyss only a few fingertips away. Others will wander through the valleys, in peace and harmony, noticing the landscape, the wildlife, flora, springs, aromas, sounds … For some, the mountains are a veritable larder, a cornucopia of berries, fowl and fish.

To walk in the mountains is an escape from everyday life, the crushing habit and routine that keep you from seeing the days that pass. In the mountains you are aware of the days; they are full of experiences, freedom, space and grandeur. You walk in an open universe possessing an infinite generosity.

We seem to have forgotten the pact we made with the Land a long time ago. Mountain Norway is not so solid, immoveable and untouched as one had hoped it would be. True enough, Dovre has not yet fallen, but, for a long time, we have tried to shoot or bore away the mountain. And now we want to stuff it full of atomic waste!

Fortunately, however, today's Mountain Norway still provides enough experiences and variations for a long life of wandering. In the south, the uplands undulate like swells in a petrified sea. On Hardangervidda, southern Norway's biggest pristine open-air dance floor spreads out for restless hordes of wild reindeer and hikers. In Jotunheimen and towards the sea in the west, jagged peaks rise into the heavens, piercing the clouds in pure insolence. The glaciers lie between awls, chisels and saw teeth, as if someone had spread confectioner's sugar over a carpenter's tool box. In mid-Norway the shapes are more good-natured and round, whereas they tower up as reckless skyscrapers in Lofoten's rugged terrain. Farthest north, where plateaux dive right into the sea, the whole landscape is Mountain Country.

Mountain Norway – experience it yourself!

Seljestadjuvet, Seljestad.

"Einig und treu bis der Dovre fällt." … – Die Väter unserer Verfassung haben unseren "Nationalberg" zum Symbol des ewig Unbeweglichen, Unveränderlichen, ja, der Treue schlechthin gemacht.

Doch kurz ist das Gedächtnis der Menschen gemessen an den schwindelerregenden Zeiträumen der Geologie, in denen nichts Unveränderliches existiert. Die ältesten Teile Norwegens sind bereits vor 1–2,6 Milliarden Jahren in einer Feuerglut entstanden und seitdem von fester Hand geknetet und geformt worden, während die ersten Norweger erst vor 10.000 Jahren in einem kalten Windstoß am Rande des großen Gletschers geboren sind. Land und Volk trafen eine Übereinkunft, wonach es den Menschen wohlergehen sollte, sofern sie sich gesittet benahmen. Die einsamen Hochebenen, wo die Norweger Rentiere und Schneehühner fingen, dienten ihnen stets als reich gefüllte Speisekammer.

Die Zeit verging, und mochten auch die Bergmassive unter schmelzendem Eis zusammenschrumpfen, blieben doch Gebirgszüge wie eine Scheidegrenze zwischen den verschiedenen Landesteilen und Volksgrüppchen liegen, so daß man, um andere Leute zu treffen, stets über einen Berg mußte. Die Strapazen und Anstrengungen auf Tuchfühlung mit den Elementen gaben auch der Fantasie Nahrung. Die Berge wurden zu einem Reich mächtiger Fabelwesen, von ihren Höhlen aus herrschende Riesen und Trollweiber hielten die Menschen fern.

Inbegriff des norwegischen Berglands ist ja nicht der Blick auf hohe Zinnen und tiefe Täler, die am Auto- oder Eisenbahnfenster vorbeiflimmern. Das ist in erster Linie die Welt, die Sie erst dann entdecken, wenn Sie knisternde Rentierflechten unter den Füßen spüren und Gebirgsbäche, begleitet von Windesraunen, im Birkengestrüpp murmeln hören.

Gebirgswanderungen sind zu einem Teil unserer Kultur geworden. Die extremen Herausforderungen – Touren in erstickendem Schneegestöber und beißender Kälte, oder tagelange Wanderungen in kahlen Geröllhalden – wirken anziehend auf viele. Jene mit unbändigem Drang, etwa beim Klettern – nur ein paar Fingerbreit vom Abgrund entfernt – die

Natur und sich selbst zu besiegen, aber auch all die anderen, die lieber die Täler entlangspazieren, um in sich Ruhe und Harmonie, ringsum die verschiedenen Landschaftsformen, Tiere, Pflanzen, Quellen, Gerüche, Laute wahrzunehmen … Und nach wie vor dient das Gebirge als Speisekammer, reich gefüllt mit Beeren, Vögeln und Fischen.

Ein Gebirgsaufenthalt läßt uns dem Alltag entfliehen, der lästigen Gewohnheit und Routine, in der wir kaum merken, wie die Tage vergehen. In den Bergen, wo an großartigen Eindrücken, Freiheit und genügend Freiraum wahrhaftig kein Mangel herrscht, wird man der Tage wieder gewahr. Man bewegt sich in einem offenen Universum mit unermesslicher Freigiebigkeit.

Allerdings haben die Menschen ihre einstige Übereinkunft mit dem Land wohl vergessen? So grundsolide, unerschütterlich und unberührt wie es vermeintlich ewig bleiben sollte, ist das norwegische Gebirge nun nicht mehr. Zwar ist der Dovre noch nicht eingestürzt, doch fehlte es nicht an Versuchen, dieses Bergmassiv wegzusprengen und wegzubohren. Und jetzt soll der Snøhetta gar noch vollgestopft werden mit radioaktivem Müll!

Trotzdem läßt sich norwegisches Bergland zum Glück noch erleben und bietet auch heute noch genügend Abwechslung für ein langes Leben auf der Wanderschaft: Im Süden mit gewellten Hügel wie Wogen eines erstarrten Meeres – und der Hardangervidda, wo sich für rastlose Wildrentierrudel und Menschen, die gut zu Fuß sind, Südnorwegens größter unberührter Tanzboden ausbreitet. Im Jotunheimen und an der Westküste mit wild gezackten Gipfeln, die bis zum Himmel emporragen, wo sie in unbändigem Übermut die Wolken zerreißen. Wie zwischen Pfriemen, Hämmern und Sägeblättern nehmen sich die Gletscher aus, als hätte jemand Puderzucker über den Werkzeugkasten eines Schreiners gestreut. In Mittelnorwegen finden sich mildere, abgeschliffene Formen, während sich in der zerklüfteten Welt der Lofoten wiederum die wildesten Wolkenkratzer auftürmen. Der hohe Norden schließlich ist ja eine einzige Gebirgslandschaft, deren weite Hochebenen direkt ins Meer abstürzen.

Bergiges Norwegen – erleben Sie es selbst!

MONTAGNES DE NORVEGE

"Unis et fidèles jusqu'à ce que s'effondre le Dovre." Par ce serment prêté à Eidsvold, les pères de la Constitution norvégienne, ont fait de notre "montagne nationale" le symbole de l'inébranlable, de l'immuable, de l'éternel.

Mais la mémoire d'homme est bien courte dans la vertigineuse sphère temporelle de la géologie, et l'inaltérable n'existe pas. Les parties les plus anciennes de la Norvège d'aujourd'hui, les fondements mêmes des montagnes, ont vu le jour dans un creuset incandescent il y a près de deux milliards d'années, et c'est d'une main ferme qu'elles ont été par la suite pétries, malaxées. Les premiers Norvégiens sont nés dans une bourrasque glaciale au bord du Grand Glacier il y a de cela dix mille ans. Les Norvégiens avaient pour garde-manger les vastes plateaux désolés et pourtant giboyeux où ils chassaient le renne et la perdrix des neiges. Et la terre leur promit la prospérité s'ils faisaient bon usage de ces ressources.

Les siècles passèrent, la glace disparut et les régions montagneus perdirent du terrain. Les montagnes marquaient maintenant une séparation. Si l'on voulait avoir contact avec d'autres êtres humains il fallait nécessairement franchir une montagne. Les luttes à livrer contre les éléments n'ont fait que nourrir l'imagination. Les montagnes devinrent un royaume où régnaient dans leurs tanières des géants de toutes sortes, désireux de garder l'espèce humaine à distance.

Les montagnes de Norvège ce ne sont pas seulement de hauts sommets et de profondes vallées qui défilent sous les yeux du touriste, qu'il voyage en voiture ou en train. La Norvège montagneuse c'est d'abord et avant tout un univers que l'on découvre quand on pose le pied sur le lichen craquant et qu'on entend le mélodieux murmure d'un ruisseau accompagné d'une douce brise.

Faire une promenade en montagne fait de nos jours partie de la culture, c'est une expérience unique, propre à purifier l'âme. Ils sont nombreux ceux qui souhaitent se surpasser, faire des randonnées en plein hiver dans le froid qui mord et les suffocantes bourrasques de neige, ou bien faire des dizaines de kilomètres dans une méchante rocaille. La montagne ouvre aussi les bras à ceux qui éprouvent l'impérieux besoin de lutter jusqu'à la victoire contre la nature et contre eux-mêmes, ceux qui lancent aux sommets un aérien défi à deux doigts du précipice. D'autres préfèrent flâner dans les vallées et s'abandonner à une paisible harmonie, jouir du paysage, de la faune, de la flore, des sources, des sons, des odeurs … La montagne prodigue aussi à certains les trésors de sa corne d'abondance, baies, gibier, poissons.

Partir pour la montagne c'est fuir le quotidien, la routine étouffante qui nous empêche de voir passer les jours. En montagne on savoure les jours, ils sont pleins de bonheurs, de liberté, de solidarité. On marche dans un univers à l'inépuisable générosité.

Les hommes ont sans doute oublié le pacte conclu avec la terre il y a de cela bien longtemps. Les montagnes de Norvège ne sont pas aussi solides, aussi inaltérables qu'on pouvait le croire. Certes le Dovre subsiste encore, mais on essaie depuis longtemps de venir à bout de la montagne à coups de dynamite et de marteaux-piqueurs. Et ne voilà t-il pas qu'on parle maintenant de bourrer le mont Snøhetta de déchets radioactifs!

Mais heureusement à ce jour les montagnes de Norvège réservent encore d'heureuses surprises à leurs fidèles randonneurs. Au sud on peut voir onduler la houle des collines dans une mer immobile. Le haut plateau de Hardangervidda offre la plus vaste salle de bal du sud de la Norvège aux promeneurs au pied agile et aux sabots impatients des troupeaux de rennes sauvages. Dans le Jotunheimen et la région des fjords les sommets déchiquetés se haussent jusqu'au ciel et déchirent les nuages avec une téméraire intrépidité. Les glaciers s'installent tant bien que mal entre les pics et les dents de scie: on dirait qu'on a saupoudré de sucre glace les outils du menuisier! Au coeur de la Norvège les formes sont douces et émoussées, alors qu'elles prennent des allures de gratte-ciel audacieux dans les îles Lofoten aux parois écorchées. A l'extrême nord tout le paysage n'est que montagne, et les vastes hauts plateaux plongent droit dans la mer.

Montagnes de Norvège, un paradis à découvrir!

"Unidos y fieles hasta el derrumbamiento de Dovre." Los hombres de Eidsvoll, los que escribieron la Constitución noruega, hicieron de nuestra "montaña nacional" un símbolo de la eternidad, de lo inconmovible y lo inmutable, de hecho, de la misma fidelidad.

Empero, la envergadura del recuerdo humano es corta en la vertiginosa esfera temporal de la geología. Lo inmutable no existe realmente. Las partes más antiguas de la Noruega de hoy, nacieron en unas brasas, 2,6–1 mil millones de años atrás, y desde luego han sido amasadas con mano dura. Los primeros noruegos nacieron en un golpe de viento frío al borde del Gran Glaciar hace 10.000 años. Los noruegos tuvieron las mesetas generosas y ricas como base de aprovisionamientos, cazaron renos y lagópedos, y llegaron a un acuerdo con la tierra, y por su buena conducta recibirían los frutos de ella.

El tiempo iba pasando, el hielo desaparecía y las regiones montañosas disminuían. Las sierras se quedaron como fronteras entre regiones y gentes. Para encontrar a otro pueblo, siempre había que cruzar una montaña. Las fatigas y los trabajos penosos en contacto íntimo con los elementos de la Naturaleza nutrían la fantasía. Las montañas se convertían en un reino donde reinaban, desde sus cuevas, los mitológicos yutules, los yotnes y los gygres, mantendiendo alejados a los seres humanos. La Noruega Montañosa no es solamente los altos picos y profundos valles que titilan al pasar por la ventana del coche o del tren. En primer lugar, la Noruega Montañosa es el mundo que descubrirás cuando pises el liquen crujiente y escuches el canto del torrente entre los abedules, acompañado por el susurro de la brisa.

Los paseos a la montaña se ha convertido hoy día en cultura, recreación y aventura. Los desafíos extremos atraen a muchos: Marchas de pleno invierno, en medio de la ventisca y el frío mordaz – o andar kilómetros tras kilómetros por peñas y piedras. En la montaña también hay espacio para la gente que tiene un prurito por vencer la Naturaleza y a sí mismo, los que quieren parrandear por los picos a dos dedos del abismo. Otros prefieren pasear en los valles, percibiendo la tranquilidad y la armonía; los variados paisajes, los animales, la vegetaciòn las fuentes, las fragancias, los sonidos … Para algunos la montaña es la propia despensa, plena de bayas, aves y peces.

Ir a la montaña es un escape de lo cotidiano, de la oprimente costumbre y de la rutina, la que hace que tú no percibas los días que se van. En la montaña sí prestas atención a los días, que son llenos de aventuras, de libertad, de espacio y de grandeza. Te encuentras en un universo abierto de una generosidad infinita.

Los hombres parecen haberse olvidado del acuerdo que hicieron con la Tierra en tiempos remotos. La Noruega Montañosa ya no es tan sólida, inmutable e intacta como uno creía que se quedaría para siempre. Es verdad que todavía no se ha derrumbado la montaña de Dovre, pero llevan mucho tiempo dinamitándola y perforándola. ¡Y ahora quieren rellenar su cima nevada – Snøhetta – con residuos nucleares!

Sin embargo, afortunadamente tiene aún la Noruega Montañosa de hoy experiencias y variedades que ofrecer para una larga vida de peregrino. En el sur, las mesetas se ven como oleadas en un mar petrificado. En la Meseta de Hardanger – Hardangervidda – se extiende el mayor intacto lugar de recreo del sur de Noruega, a disposición de inquietos rebaños de renos salvajes, y para los aficionados al excursionismo.

En Jotunheimen – El Hogar del Yotun – las sierras forman siluetas de torres contra el cielo, y rajan las nubes en ataques de soberbia alocada. Los glaciares se tienden cómodamente entre sierras y picos. En el centro de Noruega, las formas son suaves y apacibles, mientras se acumulan en alborozados rascacielos en el mundo desgarrado de Lofoten. En las partes más septentrionales el paisaje es en sí tierra montañosa, donde extensas mesetas se terminan abruptamente, y se precipitan hacia el mar.

¡La Noruega Montañosa – vivala y disfrutela!

ノルウェーの山

「ドーブレの山が倒れるまで、力をあわせて戦うのだ！」と、ノルウェーの勇士達はエイヅヴォルの町において宣言した。その後、この山は、不動・不変で永遠なもの、忠誠心、国そのもののシンボルとなった。

だが、不変なものも実際には存在しないし、莫大な地球の年齢に較べ、人間の記憶はあまりにも短い。ノルウェーの岩盤の最古部は、26億－10億年前頃に炎の中に生れ、各種の変動を経過して山が形成されてきた。今から一万年前頃、大氷河の末端の冷たい風の中に最初のノルウェー人が現れ、大地と人間とはここに出会い、共存してきた。人間は原野に生き、雷鳥を狩りトナカイをとらえ、そこを生活の源としてきた。時の経過とともに氷は消え、岩盤は収縮した。山々は、交通や連絡を障害する険しい山越えの関となり、ここで畏怖すべき自然の力に出会った人間は、その豊かな想像力で、山を脅威の世界と変えてしまった。山は洞穴に住む怪物や巨人や山の精たちの世界となり、人は山を恐れて近づかなくなってしまった。

車や電車の窓からつかの間見える風景は、ノルウェーの山ではない。トナカイの苔を音をたてて踏みつつ、自分自身の足で山を歩き、白樺の小枝の間をかける風を伴奏に小川のせせらぎをきく。その時に発見する新しい世界、それが本当のノルウェーの山なのだ。

山歩きは、現代人の精神の糧であり、体験であり文化であるともいえよう。山への挑戦は人をふるいたたせ、真冬の山に凍てつけ吹きすさぶ雪嵐の中、あるいは、はてしなく荒涼とした岩だけの山を人はいつまでも歩き続ける。山は自然と自己とを克服しようという熱い想いをおこさせ、指一本の誤差でも転落死するロック・クライミングに、人は命を賭ける。

谷間を歩き、生物を観察し、あふれる泉の水や木の香りに酔いしれ、音や景色の美を楽しみ、大自然の中で静寂と調和感とを体全体で味わう者もいれば、魚鳥類や草の実の豊富な食料の豊庫として、山を訪れる者もいる。

山は、慣れと日常生活の重苦しさからの脱出の場を与えてくれる。過ぎ去りゆく日々そのものが、実は我々の人生であり命なのである。山を歩く時の一日一日は、雄大さと自由感、余裕と体験とに満ち、「時」が全身で感じられる。広大な宇宙の中、かぎりなき慈悲の世界の中を我等は歩いていくのだ。

太古において大地とかわした約束を忘れてしまった人間。不変で未踏だと思われていたノルウェーの山。今その山を人は破壊しようとし、聖なる山「スノーヘッタ」をも核廃棄場にしようとしている。それでも、豊かな自然体験の宝庫として、ノルウェーの山々は我々を待ってくれている。

広大な荒原が大海にうねる大波のごとくはてしなく続く、南部ノルウェー。壮大な「ハーダンゲル・ヴィッダ」の高原地帯では、野生のトナカイの群れが忙しく跳ね踊り、自然を愛する者が山歩きを楽しむ。ヨーツンヘイメン山岳地帯や西海岸地域では、山は傲慢にもギザギザの角で天にむかって荒々しく雲を裂く。鋸やきりや金槌の形をした山々の間に白い氷河が横たわる様は、あたかも大工の工具箱に誰かが白い粉砂糖でもふりかけたかのようである。

Romsdals-Horn.

中部ノルウェーの山はやさしくなだらかだが、北上するにつれて険しくなり、ロフォーテン地方では乱立し連なる摩天楼となる。ノルウェー最北部ではすべてが山となり、広大な高原が垂直に海に落ち込んでいる。

自分自身で体験するのがノルウェーの山であり、自然を愛する人間の到来を、山は待ち続けている。

（原文：ポール・ヘルマンセン，日本語：木村博子）

Vinden uler i iltre kast over midtvintersfjell. Fråden velter fram fra fosskokende troll-gryter bak Lille Kløvatind. Snø og is slipes til med smergel og kjempekrefter. Men moskusen på Dovrefjell trives utmerket i sin drakt av urgammel vadmel med lange raggsokker.

Angry gusts of wind howl over the mountains in midwinter. Snow spumes up from boiling troll cauldrons behind Lille Kløvatind. Snow and ice are ground down by powerful, aggressive forces. Yet the musk ox feels quite at home in his primitive homespun and thick woolen socks.

14

16

Når det løyer litt, kan ikke menneskene dy seg. De trekker sine snirklete, sekundforgjengelige får over bølgende landskap. Man skjønner dem såvel, når de kan belønnes med å få se Lifjells tredverger hylle seg inn i gullgul silke.

When the wind calms down somewhat, people cannot keep themselves indoors. They trace their winding, transitory tracks across the rolling landscape. It is not hard to understand why, when they can be rewarded with such sights as Lifjell's tree dwarfs wrapped in golden silk.

Vinteren slipper fortere taket rundt Hårteigens såtehode enn i Sylanes speilsal. Fjellrypesteggen står som meislet ut i den fineste alabast. Han får også vårfornemmelser, men tar ikke av seg vinterhabitten før han er sikker i sin sak.

Winter loosens its grip more quickly from Hårteigen's haystack-shaped head than from Sylane's room of mirrors. The grouse stands there as if carved out of finest alabaster. He also has vernal yearnings, but does not take off his winter outfit until he is quite sure the time is ripe.

Våren og forsommeren
kommer byksende med
varme dager. Blomsteroppsatser
balanserer på stupet under Skottind
i Lofoten, mens Norangsdalen
legger grønt teppe på gulvet.

*Spring and early summer come
bounding in with warm days.
Floral decorations teeter above the
cliff under Skottind in Lofoten,
while Norangsdalen rolls out a
green carpet over its floor.*

23

B li lys, og det ble lys. Ingen
vet hvordan lyset kom til
verden, men vi kan jo la
fantasien leke. Kanskje det var
slik man opplever det på
Hamarøy, på Lofotodden eller
ved Gjendeosen?

*L et there be light, and there
was light! No one knows
how light was ushered into the
world, but we can use our
imagination. Perhaps it was like the
light you can experience on
Hamarøy, in Lofoten or by
Gjendeosen?*

24

Sommervarmen er god for menneskene. Men dyrene kan ikke kle av seg som oss. Bremsen, denne snikende pesten av et insekt, liker også lune juni- og julidager. For at livet ikke skal bli altfor uutholdelig, trekker reinflokken opp til sitt sommer-feriested i fjellets kjøleskap. Sauene, derimot, kler varmen ute og nyter ubesværet utsikten til en morgensøvnig Hårteigen.

Summer warmth is good for humans. But animals cannot strip the way we can. The gadfly, that sneaky, bothersome insect, also likes warm days in June and July. In order to make life more bearable, flocks of reindeer wander up to their cool mountain summer resorts. Sheep, on the other hand, insulated by their wool, enjoy an early morning view of drowsy Hårteigen.

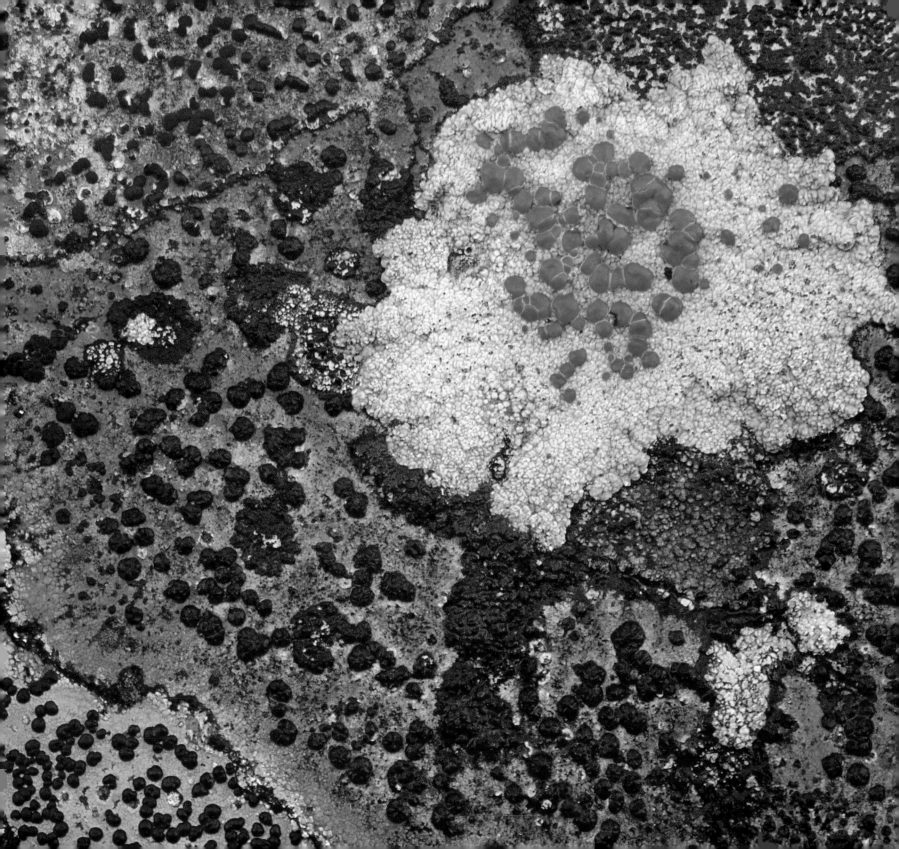

S tatens Kartverk må bare
bøye seg i støvet: Det
fins ikke dyktigere karttegner
enn naturen selv. Uten moderne
utstyr har den laget de lekreste
og mest fargerike kart i millioner
av år. Fokklavens røde blods-
dråper markerer de fineste
utsiktspunktene i steinens
mikrokosmos.

*C artographers will just have to
admit that there is no
better drawer of maps than
Nature herself. Without the help of
modern equipment, she has
created the loveliest and most
colourful maps for millions of years.
The blood-red drops of crustoes
lichen mark the best viewpoints in
a stony microcosmos.*

Hva er likheten mellom norske fjell og solsvidde Sahara? Svaret er: oasene. Mellom golde, forblåste stein-ørkener og glattskurte berg-skrenter kiler det seg inn en

frodiggrønn, livsstruttende lunge med blinkende vannspeil. Tusener myrullhoder gløder som en lang julegate og lyser opp Jostedalen gjennom den myke sommernatten.

What do Norwegian mountains and the sun-baked Sahara have in common? The answer: oases. A luxuriant, green, glittering life-giving stream is wedged between barren,

windswept stony wastes and polished rock faces. Cotton grass shines like a long Christmas shopping street, lighting up Jostedalen throughout the gentle summer night.

Fjellets musikk er en komposisjon som kan måle seg både med klassiske og moderne mestere. Drønnende slagverk-serier fra Låtefoss og smektende strykertoner fra Reiårsfossen veksler med sarte lyddråper fra fjellets nattergal, blåstrupen.

A mountain's music is comparable to that composed by classical as well as modern masters. Thundering percussion beats from Låtefoss and melting string sounds from Reiårsfossen alternate with the delicate tinctures of sound from the mountain's nightingale, the bluethroat.

32

Den enes død, den andres brød. Både fjellvåken og fjellreven forsyner seg av matoverskuddet i gode små-

gnagerår. Når lemenet yngler i hopetall, kan mange munner mettes. Sorgløs lek blir det daglige liv.

One that's dead is another's bread. The rough-legged buzzard and the arctic fox both help themselves to the surplus food

available in good lemming years. When the lemming breeds in great numbers, many mouths can be fed. Daily life becomes a carefree game.

Menneskene og fjellnaturen spilte lenge på lag. Setrene, som denne idyllen ved Gullingen i Ryfylkeheiene, er i dag stort sett minner om en svunnen epoke. En epoke da mennesker hadde tid og råd til å leve en hel sommer i pakt med dyr og natur. Ennå fins det rester av levende seterdrift, men hvor lenge?

Man and mountains cooperated for a long time. Today, summer pasture huts, such as this idyll at Gullingen on the Ryfylke uplands, are, generally speaking, relics of a bygone era; an era when people had time and means to spend an entire summer in harmony with animals and nature. A few mountain dairy farmers are still active, but for how long?

K napt noe sted er det bedre
å være enn i sommerfjellet
en godværsdag, eller kanskje
aller helst -natt. Man får lyst til å
ligge på ryggen i bløte bomulls-
skyer og meditere seg bort fra
den trivielle verden. Tankene
blir en vogn forspent med
løpske reinsdyr som drar langt
innover uendelige vidder . . .
"Klask!" der bet myggen.

T here is hardly a better place
to be than in the mountains
on a fine summer's day – or
preferably, at night. You just want
to lie back on soft cotton clouds
and meditate far from the every-
day world. Thoughts become a
wagon drawn by bolting reindeer
across endless wide open spaces
. . . "Slap!" Another mosquito bite!

38

Når det lir utpå dagen og
den blå parasollen er
oppslått over Nigardsbreens
glitrende ismasser, myldrer det
av menneskemaur med
allverdens mål på tungen. Andre
foretrekker den ensomme
ferden mot Brekketinds tåke-
lagte topp. I Lofotens midnatts-
rike har en jotne klatret til
topps, tent fyr på tåkedottene
og fått dem til å drive langs
åskammen som røyken fra et
vardebål.

*In the afternoon, when a blue
parasol has been put up over
Nigardsbreen's shiny ice-masses,
human ants swarm around,
speaking all the world's languages.
Some prefer the lonesome trek
toward Brekketind's mist-covered
top. In Lofoten's midnight realm, a
giant has climbed up and ignited
wisps of mist, letting them drift
along the ridge like smoke from a
mountain beacon.*

Tenke det; ønske det; ville det med – men gjøre det! Nei, det er ikke så mange forunt. Har vi kanskje ikke innerst inne lengselen etter å oppheve tyngdekraften, henge og dingle et sted mellom himmel og jord og se Romsdalens måne-landskap i fugleperspektiv? Vi gjør det bare ikke, en stemme inni oss har lagt ned forbud. Men noen bryter ut, skaffer seg himmelstrebende, berusende opplevelser på kanten av livet. Om vi er misunnelige, ja, det er nok ikke fritt!

As Ibsen's Peer Gynt says: "To think it; to wish it; to want to do it! But to do it!" No, not many of us dare. Probably all of us would like to suspend the power of gravity, to hang there, dangling our legs somewhere between heaven and earth, with a bird's-eye view of Romsdal's moon landscape, wouldn't we? We simply do not dare; a voice inside us forbids us to. But some are braver, and experience soaring, intoxicating sensations on the edge of life. Do we envy them? You bet we do!

42

Isens hieroglyfer tegner seg
først på høyfjellsvannet når
sommeren blir gammel og vel-
brukt. Da sover lofotfjellene side
om side i sitt lyseblå soverom
med rosa tak.

*Ice patterns first appear on
mountain lakes when summer
is on the wane. The mountains in
Lofoten then sleep side by side in
their light blue bedroom with its
rosy ceiling.*

Høsten er tid for å høste. Rikdommene fra sommerens livsutfoldelse gir ganegleder for både mennesker og dyr. Blåbærene serveres i delikat, rød innpakning, mens moltene lesker bare ved synet. Livet går sin skjeve gang for den urgamle generasjonen utløer, idag berges høyet i hus med maskinkraft i sursaftede siloer.

Autumn is harvest time. The fruits of summer's productive activity supply delicacies for man and beast. Blueberries are served in tasty red wrappings and just the sight of cloudberries refreshes. Time is taking its toll on the old generation of outlying barns; today, machine power is used to gather in the hay stored in pungent silos.

De nakne flyene rødmer i kalde septembernetter. Ingen rødfarge er så blendende intens som den lille rypebær-buskens, der den kranser det lille fjelltjernet ved Tyin i Jotunheimen.

The naked mountain plateaux blush on cold September nights. There is no colour so dazzlingly red as that of the tiny black bearberry bush that surrounds the mountain lake at Tyin in Jotunheimen.

47

Fjellbjørkene er tålmodige skapninger som finner seg i det meste. Små familier pludrer og prater i sin fineste høststas. Store arméer står oppmarsjert på geledd i slake lier, mens bratte skrenter kan fortone seg som rene slagmarker etter at snøen har feid med seg en tropp eller to.

Mountain birches are patient beings that tolerate almost everything. Small families prattle and chat in their best autumn finery. Large armies stand lined up on hillsides such as these, while steeper slopes can look like virtual battlefields after snow has knocked over a platoon or two.

Så ivrig er Valdresflya etter å prøve vinterdrakten på at den ikke bryr seg med å ta av høstkjolen først. Men snart stiger landskapet ut av prøve- rommet igjen, drakten passet ikke helt – ennå.

Valdresflya, eager to try on its winter garments, has not even bothered to take off its autumn dress. But the landscape soon emerges from the fitting room because the garments do not fit very well – at least not for the time being.

←

H arald Sohlberg yndet å male Rondane fra sør. Mon tro om han ikke burde brukt litt tid i den høstkledde Dørålen også?

T he Norwegian painter Harald Sohlberg loved to paint Rondane from the south. Maybe he should have devoted some of his time to autumn-clad Dørålen as well?

Mens den siste fargeglansen er i ferd med å brenne ut i bjørkebeltet, drysser det strøsukker ned på topper og tinder. Vinteren har allerede satt sitt fingeravtrykk på stupbratte Trollveggen.

As the last brilliant colours fade out in the birch belt, granulated sugar sifts down on summits and peaks. Winter has already left its fingerprint on the precipitous Trollveggen.

56

Trollkyrkja heter fjellet, og da er det vel ikke noe rart at det svever som en UFO i blådisen. I Rondane og Tamokdalen materialiserer berghamrene seg på en annen måte, til og med badende i flomlys fra selveste Sjefslysmesteren.

The mountain's name is Trollkyrkja (Troll Church), so it is not at all strange that it floats in the blue mist like an UFO. The mountain crags on Rondane and Tamokdalen emerge in different ways, even bathing in the floodlights of the "Light of Lights".

58

Og så er vinteren igjen her
. . . ugjenkallelig. Fjell-
opplevelsen og mystikken blir
bare sterkere. Sola ligger flat i
horisonten hele dagen og tegner
varme farger på blåfrosne
skulpturer.

And now winter has returned
. . . irrevocably. The mystical
mountain atmosphere becomes
even more intense. The sun lies
level with the horizon the whole
day, painting warm colours on
ice-blue sculptures.

D a lyset kom, ble trollene til is. Det må ha vært en heidundrende fest den natten på Trysilfjellet . . .

⟶

W hen light came, the trolls were turned to ice. There must have been one hell of a feast that night on Trysilfjellet . . .

⟶

Har du lyst, har du lov!
Dra ut i eventyrriket og
møt troll og hulder, nisser og
dverger. I morgen kan det bli
mildvær.

*If you want to, well, just go
ahead and do it! Wander out
into this fairy tale kingdom and
encounter trolls and wood nymphs,
gremlins and dwarfs. Tomorrow
the weather may turn mild.*

*Fotografiene i denne boken er levert
av følgende fotografer/
The pictures in this book were taken by
the following photographers:*

*Forside/Front cover: Jan Rabben, N.N.
Bakside/Back cover: Stein P. Aasheim*

4-5 Pål Hermansen © Samfoto
9 Pål Hermansen © Samfoto
12-13 Pål Hermansen © Samfoto
14 øverst/top Espen Bratlie
nederst/bottom Asgeir Helgestad
15 Kjell Glomset
16 Leif Rustand © Samfoto
17 Rainer Jucker
18 øverst/top Erlend Haarberg, Biofoto
nederst/bottom Jan Rabben © Samfoto
19 Per Jordhøy, Biofoto
20 venstre/left Pål Hermansen © Samfoto
høyre/right Pål Hermansen © Samfoto
21 Per Eide
22 Helge Haukeland
23 venstre/left Rolf Støa
høyre/right Pål Hermansen © Samfoto
24 Erlend Haarberg, Biofoto
25 Jan Rabben © Samfoto
26 Jørn Areklett Omre
27 øverst/top Jan Arve Dale © Samfoto
nederst/bottom Jan Arve Dale © Samfoto
28 Pål Hermansen © Samfoto
29 Pål Hermansen © Samfoto
30 venstre/left Stig Tronvold © Samfoto
høyre/right Asle Hjellbrekke © Samfoto
31 Urpo Tarnanen
32 Pål Hermansen © Samfoto
33 Jon Østeng Hov
34 øverst/top Rolf Støa
nederst/bottom Rainer Jucker
35 Jon Arne Sæter © Samfoto
36 øverst/top Rainer Jucker
nederst/bottom Morten Gåsvand

37 Rainer Jucker
38 Pål Hermansen © Samfoto
39 øverst/top Kjell Glomset
nederst/bottom Pål Hermansen © Samfoto
40 Stein P. Aasheim
41 Stein P. Aasheim
42 Kjell Glomset
43 Pål Hermansen © Samfoto
44 øverst/top Pål Hermansen © Samfoto
nederst/bottom Jon Østeng Hov
45 Jon Arne Sæter © Samfoto
46 Pål Hermansen © Samfoto
47 Jørn Areklett Omre
48 øverst/top Rolf Sørensen og Jørn Bøhmer Olsen
© Samfoto
nederst/bottom Rolf Sørensen og Jørn Bøhmer Olsen
© Samfoto
49 Jon Arne Sæter © Samfoto
50 Jørn Areklett Omre
51 Rolf Støa
52-53 Rolf Sørensen og Jørn Bøhmer Olsen © Samfoto
54 øverst/top Stig Tronvold © Samfoto
nederst/bottom Rolf Støa
55 Pål Hermansen © Samfoto
56 Kjell Glomset
57 øverst/top Tom Schandy
nederst/bottom Arnfinn Pedersen
58 Kjell Glomset
59 Rolf Sørensen og Jørn Bøhmer Olsen © Samfoto
60-61 Pål Hermansen © Samfoto
62 Lars H. Krempig, Biofoto
63 Gunnar Wangen, Biofoto